MÚSICA
PARE PARA OUVIR

João Maurício Galindo

MELHORAMENTOS

OUVINDO DE TUDO

Se você se propôs a ler este livro, deve ser porque gosta de música. Ou pelo menos tem interesse ou curiosidade sobre essa arte. Sendo assim, vamos falar sobre ela!

Antes, porém, imagine-se em alguma cidade do centro da Europa no início do século XVIII: você está com muita, mas muita vontade mesmo de ouvir música. O que você faz? Coloca um CD no aparelho de som? Não é possível... Assim como não é possível ligar o rádio nem a TV. Pois nada disso existia naquela época.

Então, o que lhe resta? Ir a um concerto? Também não... Naquele tempo, as apresentações musicais públicas, com ingressos pagos, ainda não existiam.

Então você pergunta: como é que as pessoas daquela época faziam quando queriam ouvir música? Simples: elas faziam a sua própria música!

Quem não pertencia à enorme massa de miseráveis que habitava a Europa de então tinha o privilégio de uma educação refinada e, portanto, aprendia

UM MUNDO MUSICAL

Hoje, trezentos anos depois, tudo está muito diferente. Ouvir música se tornou fácil e corriqueiro. É só ligar o rádio ou o CD player e pronto: temos inúmeras músicas à nossa disposição, adquiridas nas lojas de CDs ou pela internet, de diversas origens, estilos e épocas. Existem gravações de música popular do Afeganistão, de sinfonias escritas há duzentos anos, dos primeiros sambas feitos no Rio de Janeiro no começo do século passado, de bandas de rock acompanhadas por orquestras sinfônicas, de corais com vozes exóticas da Bulgária, de uma moderna big band pernambucana de frevo...

Apesar da variedade e maravilhosa riqueza de estilos musicais, muitas pessoas ouvem apenas um tipo de música. Existem pessoas que só escutam pagode; outras só ouvem rock, funk, e assim por diante. Será apenas por gosto ou por falta de conhecimento? Se você gosta de música, eu lhe proponho abrir a mente e conhecer mais sobre o imenso mundo musical à nossa disposição.

MISTURA DE ESTILOS

Grandes artistas também gostam de misturar estilos. Nos anos 1960, um dos principais grupos de rock da época, o The Who, inovou misturando rock com ópera na ópera-rock chamada Tommy, que fez um imenso sucesso. E o contrário também acontece. Uma grande cantora lírica espanhola chamada Montserrat Caballé adorava se apresentar em shows de música pop, cantando ao lado de Freddie Mercury.

música. Para tocar um instrumento, aprendia, sobretudo, a ler partitura.

As partituras eram pretextos para as pessoas se reunir e apreciar o trabalho de um bom compositor. Elas dedicavam horas e horas a essa gostosa atividade: colocavam as partituras nas estantes, liam as notas e se surpreendiam com a música que surgia. E, quando ela surgia, invadindo o ambiente, eu imagino que aquelas pessoas tinham uma sensação quase mágica, de prazer e encantamento.

SEM PRECONCEITO

Não é exagero dizer que, para usufruir esse mundo de música de que dispomos, é preciso "abrir a mente". Quando tinha catorze anos, passei por uma experiência que ilustra bem isso: eu só queria saber de rock… Até que um dia, de férias numa praia, me vi no meio de uma roda de samba! Era uma música deliciosa, mas, quando percebi que gostava dela, me senti mal! Afinal, como é que eu, roqueiro, poderia gostar de samba? Aos poucos fui vencendo meus próprios preconceitos e aprendi que qualquer gênero musical podia ser bom. E que não temos obrigação de gostar de apenas um deles!

ERUDITA OU POPULAR?

Ouvimos com frequência que existem dois tipos de música: a erudita e a popular. Mas isso não corresponde à verdade. Existem vários tipos, desde a mais simples até uma sofisticada sinfonia.

O Japão tem uma magnífica tradição de música para tambores dos mais variados tipos e tamanhos, que difere completamente da que é feita pelas baterias de escola de samba aqui no Brasil. E os povos nômades como os ciganos? Eles têm também uma música muito particular e formidável.

Dividir a música em dois grupos e colocá-los em oposição não me parece correto, pois a música se desenvolveu no tempo e no espaço. Cada região do planeta criou um tipo de música diferente, e cada época da nossa história gerou seu próprio estilo.

A cultura europeia desenvolveu muito a linguagem musical, que

TIRANDO DE LETRA

Outro dia, me perguntaram se um analfabeto pode ser músico. Claro que pode! Eu conheci músicos formidáveis que tocavam instrumentos com técnica e emoção, sendo, contudo, analfabetos ou semianalfabetos. Tenho um exemplo em minha família. Uma parte dela é formada por imigrantes do norte da Itália que chegaram ao Brasil no início do século XX. Eram camponeses e analfabetos. Minha mãe conta que nossos parentes, após voltar da roça, tomar banho e jantar, se reuniam para cantar, acompanhados de violão e acordeão. Ela garante que as canções eram lindas e emocionantes. Isso é autêntica música popular.

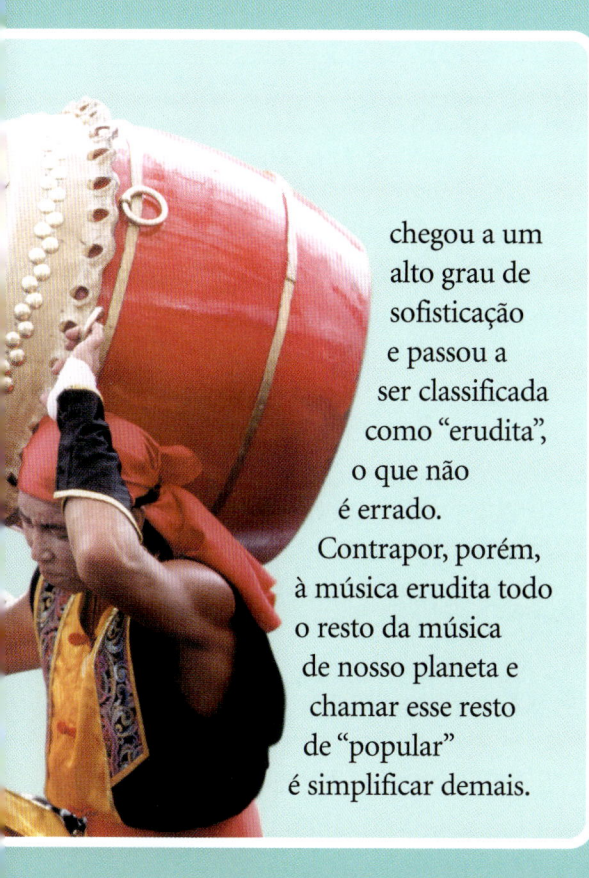

chegou a um alto grau de sofisticação e passou a ser classificada como "erudita", o que não é errado. Contrapor, porém, à música erudita todo o resto da música de nosso planeta e chamar esse resto de "popular" é simplificar demais.

PESQUISA MUSICAL

Pessoas cultas gostam de música. Em épocas de paz, nobres, ricos e poderosos se reuniam para cantar e tocar, assim como faziam os pobres e os sem instrução. Alguns desses nobres, além de fazer música, também tinham gosto pela pesquisa e, ao estudar sons, instrumentos e técnicas de escrita, criavam músicas nunca antes ouvidas. Assim surgiu a expressão música erudita, que é fruto da erudição, ou seja, dos conhecimentos e da pesquisa de pessoas que tinham condições para tal.

MISTURA FINA

O fundamental é saber que a música popular e a erudita sempre se alimentaram mutuamente. Quando um cantor popular toca violão, ele faz acordes encontrados por pesquisadores eruditos há muitos séculos. O contrário também acontece: muitos compositores eruditos incluem em suas obras elementos rítmicos e melódicos de estilos musicais tipicamente populares. Por isso, separar esses dois mundos não é apropriado.

PRA QUE SERVE A MÚSICA?

A música sempre fez parte da vida do ser humano. Até nas mais simples atitudes percebemos a sua presença: por exemplo, como você, ao falar, diferencia as frases "Você vai comer aquele biscoito!" e "Você vai comer aquele biscoito?" senão por meio da musicalidade? No primeiro caso, você termina a frase com um som grave e, no segundo, com um som mais agudo. A inflexão para o agudo é que faz dela uma interrogação, e é a caída para o grave que faz dela uma exclamação. As palavras são absolutamente as mesmas, mas é a "melodia da fala" que lhes dá o sentido definitivo.

Você pode fazer outra experiência: experimente falar uma frase qualquer sem a melodia. Por exemplo: "Eu tenho muita vontade de conhecer Milão". Agora repita em voz alta falando as sílabas com uma velocidade uniforme, com o mesmo tom, sem ir para o agudo nem para o grave, como falam os robôs em filmes de ficção científica. Pronto. Você tirou a música da fala. Não ficou estranho?

Esses exemplos mostram o quanto a música está arraigada na nossa fala, na nossa comunicação e, portanto, na nossa vida!

MÚSICA ARTÍSTICA

E o músico? Você já parou pra pensar no que ele sente? Na maioria das situações, os músicos estão trabalhando enquanto as pessoas estão se divertindo: dançando, comendo, conversando. Esta é a função deles: alegrar, preencher o ambiente com sons. É um trabalho digno e bonito.

Mas, se você perguntar a um músico, ele certamente irá dizer que, no fundo, preferiria que as pessoas parassem para ouvir e apreciar sua música. A essa música não chamamos mais de "música de fundo", mas de "música artística", ou "arte musical". Ambas são expressões corretas, mas eu gosto muito de outra: "música para ser ouvida".

RITUAIS

A música está presente em outras situações; por exemplo, nos rituais. Você já deve ter visto, em filmes, povos considerados "primitivos", como os aborígines australianos, que fazem música para seus deuses, pedindo chuva ou boa colheita. Povos nada primitivos, como religiosos de todas as crenças modernas, também fazem música para seus deuses, agradecendo por alguma graça obtida, ou apenas pelo dom da vida. Nas igrejas do sul dos Estados Unidos, os negros criaram para seus cultos um belíssimo estilo musical, o gospel.

Grandes torcidas de futebol empurram seus times com cânticos ou batuques. E até mesmo quem vai a alguma "balada" está participando de um frenético ritual de socialização, no qual a música é essencial.

PANO DE FUNDO

Há ocasiões em que a música não é a personagem principal; ela é simplesmente um pano de fundo. Isso acontece, por exemplo, quando você chega em casa cansado e com fome e vai para a cozinha preparar um lanche ao som de sua banda predileta. Enquanto o prepara, você certamente não está prestando atenção na música, mas ela está lá, em segundo plano, fazendo-lhe companhia.

Isso também acontece quando algumas pessoas estão no carro, conversando, com o rádio ligado, ou quando estão em um restaurante com música ao vivo. Em todas essas situações, a música está presente; embora não prestemos muita atenção nela, sentimos sua falta se ela para.

MÚSICA PARA SER OUVIDA

Além de servir de companhia, no papel de música de fundo, de ser peça fundamental em rituais de toda ordem e de fazer parte da fala, a música, quando ouvida com atenção, pode dar muito prazer ao ser humano. Com isso se descobriu outra coisa: ela poderia ser ouvida, simplesmente!

Você pode até achar estranho, mas acredite: é relativamente recente na nossa história o fato de um grupo de

COMO FOI O DESENVOLVIMENTO DA LINGUAGEM MUSICAL NA EUROPA?

Até o século XI, a música era formada por melodias simples, sem nenhum acompanhamento. As melodias utilizadas nos cultos religiosos ou nas festas populares não eram muito diferentes das produzidas mil anos antes. Só se chegou à linguagem musical de hoje após séculos de pesquisa. E esse trabalho foi feito, inicialmente, por monges europeus, que ficavam trancados em seus mosteiros, com bastante tempo livre para suas pesquisas. O processo levou séculos, mas, graças a esse estudo, hoje um compositor pode escrever as notas musicais em um papel e imaginar como será o som resultante, sem precisar tocá-las em um instrumento. Por essa razão Beethoven pôde compor sua *9ª Sinfonia* completamente surdo.

BEETHOVEN

Muita gente se espanta, outros não conseguem entender: como é que Beethoven podia compor se ele era surdo? A resposta é simples: Beethoven começou a ficar surdo por volta dos trinta anos. Mas, como ele começou a estudar música quando ainda era criança, teve muitos anos para desenvolver sua audição musical. Durante sua infância, ele foi guardando em sua memória várias combinações sonoras, acordes e melodias. Por isso ele podia olhar para uma partitura e "ouvir" mentalmente a música escrita, assim como podia imaginar uma música em sua mente e em seguida escrevê-la. Isso não foi um privilégio de Beethoven. Qualquer músico, estudando e praticando, é capaz de fazê-lo.

pessoas se reunir especificamente para ouvir música. É o que chamamos atualmente de concerto.

Os concertos públicos só começaram a acontecer na Europa no começo do século XVIII. Aconteciam, é verdade, apresentações musicais em majestosos palácios, pertencentes a ricos aristocratas – condes, duques, príncipes. Mas essas apresentações eram reservadas a poucos.

As orquestras naquele tempo atuavam basicamente em duas situações bem específicas: na ópera e nas cerimônias religiosas. Na primeira, a ação teatral e as habilidades técnicas dos cantores estavam em primeiro plano; na segunda, a música preenchia, por exemplo, uma missa solene. Em ambos os casos, a música ficava em segundo plano. Somente aos poucos é que vingou a ideia de colocar uma orquestra num palco e fazer com que, finalmente, a música e os músicos ocupassem o centro das atenções. Dois fatores contribuíram para isso: a existência de um público disposto a pagar para ver esse tipo de espetáculo e o grau de evolução que a música europeia havia atingido.

dó — dó sustenido / ré bemol
ré — ré sustenido / mi bemol
mi
fá — fá sustenido / sol bemol
sol — sol sustenido / lá bemol
lá — lá sustenido / si bemol
si

AS NOTAS MUSICAIS

Você já deve ter ouvido, ao menos uma vez, os nomes das notas musicais: dó, ré, mi, fá, sol, lá, si. Essas são as notas que correspondem às teclas brancas do piano.

Além dessas, existem outras cinco notas, que correspondem às teclas pretas: o dó sustenido ou ré bemol, que fica entre o dó e o ré; o ré sustenido ou mi bemol, que fica entre o ré e o mi; o fá sustenido ou sol bemol, entre o fá e o sol; o sol sustenido ou lá bemol, que fica entre o sol e o lá; e finalmente o lá sustenido ou si bemol, entre o lá e o si. São, portanto, 12 notas.

Agora, mesmo olhando para o desenho do teclado de um piano com o nome das notas e imaginando tocar três notas simultaneamente, por exemplo, dó, mi, sol, é possível saber, antes de tocar, se o som produzido será agradável ou desagradável? Para quem nunca estudou música, certamente a resposta é não... e durante muito tempo, mesmo para os músicos, esse foi um problema sério. Ele começou a ser resolvido lá pelo século XI.

COMO SE ESCREVE MÚSICA?
O MISTÉRIO DA PARTITURA

Você já deve ter ouvido falar em alguém que "toca de ouvido", certo? Essa expressão é muito comum. Tocar de ouvido é tocar sem precisar ler uma partitura. Uma pessoa imagina uma música qualquer em sua mente e simplesmente sai tocando num instrumento. A habilidade de traduzir em sons a música que está em sua memória, utilizando um instrumento musical, é muito importante para quem quer ser um bom músico. Mas, se uma pessoa decide se tornar um músico profissional, dependendo da atividade que ela for exercer, tocar apenas de ouvido não será suficiente. Talvez seja necessário aprender a ler uma partitura.

Há, porém, muitos músicos profissionais que não sabem ler partituras e vivem muito bem assim. Eles tocam músicas curtas e simples, que podem ser memorizadas com facilidade. Quando se trata de tocar uma obra musical longa e complicada, no entanto, como uma sinfonia de Beethoven, é preciso recorrer a uma partitura, pois somente a memória não é suficiente.

A PARTITURA MODERNA

A partitura moderna é escrita sobre uma base que chamamos de pentagrama, constituído por cinco linhas paralelas. O músico não observa apenas as linhas, mas também os espaços entre elas. Linhas e espaços são numerados de baixo para cima. Bolinhas representam as notas musicais, que podem ser escritas sobre os espaços ou sobre as linhas.

Quanto mais aguda a nota, mais para cima ela deve ser escrita; quanto mais grave, mais para baixo. Assim, uma nota na quinta linha será mais aguda que uma nota escrita no segundo espaço.

Outras coisas devem estar escritas na partitura, como o tempo que cada nota deve durar ou se ela deve ser tocada com som forte ou fraco. O compositor pode querer que o som vá crescendo ou diminuindo pouco a pouco em determinado trecho da música, e isso também deve estar claramente grafado.

Há, numa partitura como essa, muitas informações para os músicos, por isso é que leva algum tempo para que se aprenda a decifrá-la!

SÍMBOLOS MUSICAIS

No capítulo anterior vimos que os monges europeus fizeram, durante a Idade Média, muitas pesquisas envolvendo a combinação de sons. Para registrar o que iam descobrindo e poder utilizar essas descobertas sonoras nas músicas que cantavam em seus cultos, eles também tiveram de desenvolver uma escrita musical eficiente. Afinal, a música que faziam se tornava mais elaborada, e a memória, somente, já não bastava. Os símbolos musicais empregados por eles não se pareciam em nada com os que encontramos nas partituras modernas, que se desenvolveram lentamente durante o século XVI, até chegar ao que conhecemos hoje.

CIFRAS

Existem também sinais gráficos simplificados que são chamados de cifras. Por exemplo, o sinal C6 – muito utilizado na música popular – é uma cifra que indica que as notas dó, mi, sol e lá devem ser tocadas. Nas bancas de jornal há revistas com letras de músicas e cifras, o que possibilita às pessoas cantar e se fazer acompanhar de um instrumento. As cifras existem há muito tempo.

CONCERTO SINFÔNICO

Nem todo mundo se sente à vontade para ir a um concerto. Muitas pessoas pensam que os preços não são acessíveis ou que serão barradas na porta do teatro se não estiverem bem vestidas ou, ainda, que não saberão se comportar; enfim, criam uma porção de empecilhos para si mesmas. Mas, felizmente, as coisas não são tão complicadas quanto parecem e ninguém deveria ter receio de ir a um concerto.

Nas grandes cidades de todo o mundo são promovidos concertos de diversos tipos, para diferentes públicos: desde os mais formais, voltados para os conhecedores de música clássica, até os mais descontraídos, em que os maestros contam para o público curiosidades sobre o repertório escolhido. Existem também concertos voltados para o público infantil e concertos realizados ao ar livre.

Os preços também variam. Há ingressos muito caros, como no caso de uma orquestra estrangeira. Mas há os mais baratos e até mesmo os gratuitos.

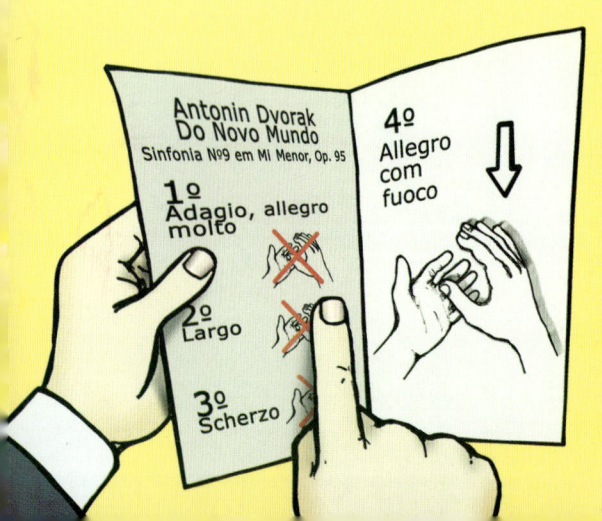

Adagio affettuoso

Allegretto scherzando

QUANDO APLAUDIR?

A questão dos aplausos intriga o público que não está acostumado com concertos. Mas é simples: no caso de uma obra dividida em movimentos, como acontece com a maioria das sinfonias, costuma-se aplaudir somente ao final. Basta ter à mão o programa e acompanhar o desenrolar das músicas que estão sendo apresentadas.

MOVIMENTOS

Na música erudita instrumental existem obras curtas, como muitas peças para piano de Chopin ou Scarlatti, e outras mais longas, como sinfonias ou concertos. A maioria das obras longas é dividida em partes, do mesmo modo que dividimos um livro em capítulos e uma peça de teatro em atos. As partes de uma sinfonia são denominadas movimentos.

A intenção do compositor ao dividir uma sinfonia em movimentos é deixá-la mais variada, pois cada movimento tem um "espírito" diferente. Numa sinfonia em três movimentos, por exemplo, podemos ter a seguinte divisão: o primeiro, rápido e de caráter mais sério; o segundo, lento e mais emotivo; e o terceiro, bem rápido e alegre.

Allegro con brio

ANTIGAMENTE NÃO ERA ASSIM

No século XVIII, por exemplo, era comum aplaudir entre os movimentos. Quando esteve em Paris, em 1778, regendo uma de suas sinfonias, o jovem Wolfgang Amadeus Mozart escreveu uma carta para seu pai em que dizia que a sinfonia tinha sido um sucesso, mas lamentava o fato de o público não ter gostado muito do segundo movimento: "...é que o público se esqueceu de aplaudir por tanto tempo e tão calorosamente quanto fez para o primeiro e para o último movimento...".
Como podemos perceber, naquela época era absolutamente normal aplaudir entre os movimentos de uma sinfonia.

A ORQUESTRA SINFÔNICA

Existe música clássica feita para todos os instrumentos, isoladamente – piano, violino, flauta etc. –, e para muitas combinações de instrumentos – piano com violino, flauta com violoncelo etc. Mas a combinação que mais encanta as pessoas, por sua grandeza e variedade, é a da orquestra sinfônica.

Uma orquestra sinfônica tem três grandes grupos de instrumentos: cordas, sopros e percussão. Os instrumentos de cordas mais comuns são os tocados com arco: violinos, violas, violoncelos e contrabaixos. Também são feitos de cordas a harpa e o piano.

Os instrumentos de sopro são divididos em dois grupos: os feitos de metal e os feitos de madeira. Trompetes, trompas, trombones e tuba são sopros

OUTROS TIPOS DE ORQUESTRA

Para ser chamada de sinfônica ou filarmônica, uma orquestra deve ter os três grupos de instrumentos: cordas, sopros e percussão. Quanto ao número de músicos, não há uma regra fixa, mas se tiver menos de cinquenta integrantes, a orquestra é considerada uma pequena sinfônica, uma "sinfonieta".

Com menos de trinta músicos temos uma orquestra de câmara.

São comuns também as orquestras de cordas e as orquestras de sopros.

Existe também a big band, um tipo de orquestra inventado nos Estados Unidos na primeira metade do século XX. É a orquestra típica do jazz, composta por cinco saxofones, quatro trombones, cinco trompetes, bateria, baixo, guitarra e piano. Pode haver algumas pequenas variações, mas a disposição básica é essa.

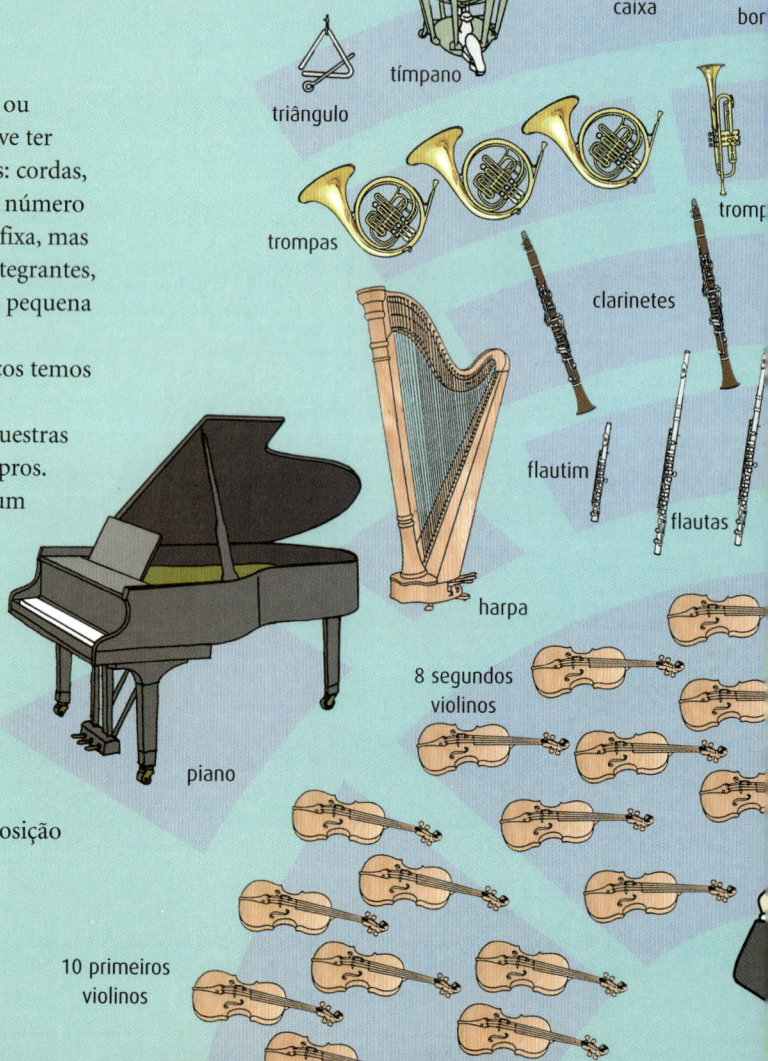

triângulo
tímpano
caixa
bor
trompas
tromp
clarinetes
flautim
flautas
harpa
piano
8 segundos violinos
10 primeiros violinos

de metal; flauta, flautim, oboé, corne-inglês, clarineta, clarone, fagote e contrafagote são sopros de madeira.

Os instrumentos de percussão também são divididos em grupos: tambores, teclados, pratos e acessórios. Por serem numerosos, é praticamente impossível citar o nome de todos aqui. Vamos, então, ver os mais usados.

Entre os tambores estão os tímpanos, a caixa e o bombo. Entre os pratos temos o prato suspenso, os pratos de choque, o gongo chinês e o tantam. Os teclados são xilofone, marimba, vibrafone, glockenspiel. E os acessórios são os instrumentos pequenos como triângulo, pandeiro, reco-reco, chocalho e muitos outros.

tantam
pratos
vibrafone
trombones
fagotes
contrafagote
tuba
oboés
corne-inglês
contrabaixos
violas
violoncelos

SINFÔNICA OU FILARMÔNICA?

A palavra filo, de origem grega, significa "amigo"; filarmônica, portanto, quer dizer "amigo da música".

Antigamente, quando uma orquestra sinfônica era mantida com capital particular, era chamada de filarmônica. E, se era mantida com dinheiro do governo, era chamada de sinfônica.

A Orquestra Filarmônica de Berlim e a Orquestra Sinfônica de Londres estão entre as melhores do mundo. Embora haja diferença na nomenclatura, não há distinção em termos musicais. Ambas são compostas pelos mesmos instrumentos e, se quiserem, podem tocar o mesmo repertório.

TUDO AO VIVO

Antigamente, as maiores estações de rádio e TV tinham suas próprias orquestras. De manhã, chegavam à sala do maestro os cantores que atuariam à noite. Maestro e cantor decidiam o que ia ser cantado, ensaiavam um pouco, com um piano, e o cantor ia embora. Em seguida o maestro escrevia as partituras. Mais tarde os cantores ensaiavam com a orquestra e aguardavam o programa ir para o "ar". Tudo ao vivo! Hoje em dia é muito diferente. Os programas de TV são gravados, e, se houver algum erro, ele pode ser corrigido gravando-se de novo. E, em vez de ensaiar com uma orquestra, os cantores levam seus próprios CDs e fazem uma dublagem. As orquestras de rádio e TV não existem mais.

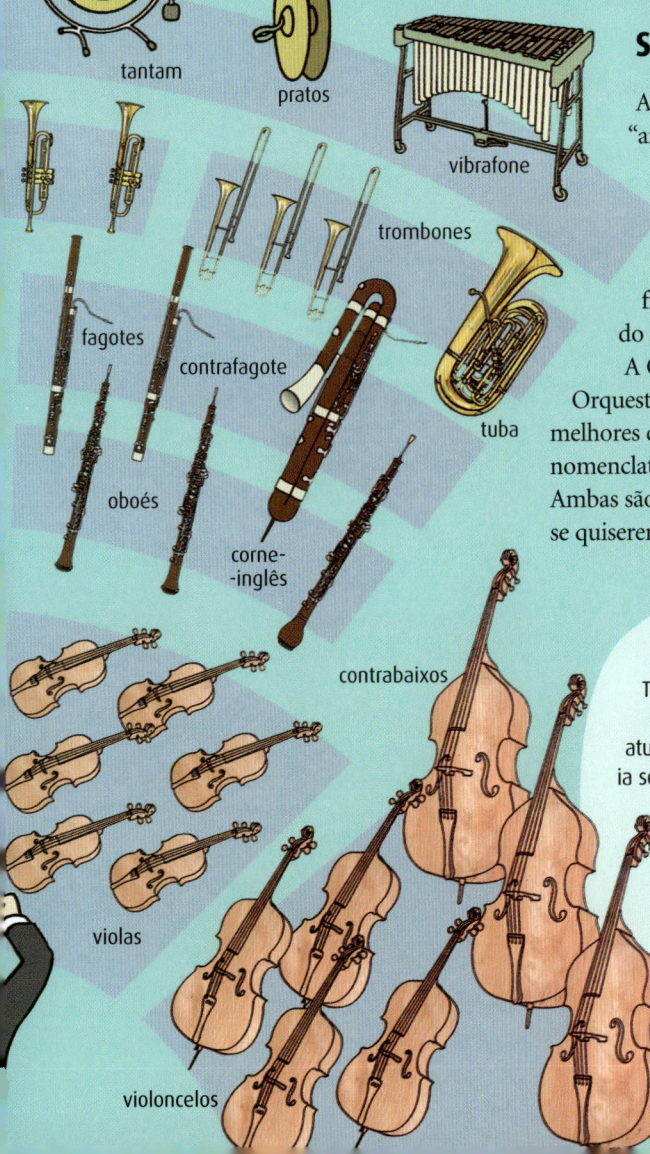

MÚSICA E FUTEBOL:
AS REGRAS DO JOGO

O Brasil é conhecido como o país do futebol. Aqui, esse esporte mobiliza grande plateia, principalmente na época da Copa do Mundo.

Durante esse evento, minha família – assim como grande parte das famílias – se reúne em frente à TV sempre com muito entusiasmo; todos dão palpites, torcem, fazem apostas. E foi numa dessas reuniões para assistir a um jogo que eu entendi que compreensão e entusiasmo andam juntos. Quando eu era menino, minha avó tentou acompanhar uma das partidas com a gente, mas não conseguiu. Sempre que acontecia algo que nos mobilizasse ela perguntava o que era. Ninguém tinha a menor paciência de lhe explicar o que era uma falta, um impedimento ou um escanteio. Isso fez com que ela desistisse de assistir ao jogo e fosse para a cozinha. Minha avó não se envolveu com o futebol porque ela não o compreendia. Agora, quem jogou bola na infância e entende minimamente esse esporte se entusiasma bastante ao assistir a uma partida.

Coisa muito parecida acontece com a música. Quem participou de algum grupo musical, tocando um instrumento ou cantando, e aprendeu as "regras" do "jogo musical" consegue ouvir uma longa sinfonia sem se cansar, pois está sensibilizado para isso.

UM NOVO IDIOMA

Quando me referi à música, eu usei a palavra "regras" assim, entre aspas, porque ela é apropriada para o futebol, mas não para a música. Na música é melhor falarmos em linguagem, pois aprender música é como aprender um novo idioma.

Imagine que estamos ouvindo alguém falando em uma língua que não conhecemos. Por exemplo, paquistanês. Se prestarmos atenção, poderemos perceber muita coisa do que está sendo dito. No mínimo,

UM NOVO MODO DE OUVIR

Você então pode me perguntar se o único jeito de aprender a linguagem musical é tocando ou cantando em um grupo, conjunto, orquestra ou coral. Não, esse não é o único jeito. Mas é o melhor, o mais prazeroso e divertido, pois fazer música é algo muito bom. É possível aprender muito dessa nova língua desenvolvendo um novo modo de ouvir, em que a música deixa de servir apenas de fundo para outras coisas que fazemos. O primeiro passo é criar o hábito de ouvir música com atenção, sem fazer qualquer outra coisa. É como ler um livro ou assistir a um filme no cinema. Quando vamos ler, procuramos um ambiente silencioso, que favoreça a concentração. No cinema o ambiente é perfeito para nos envolvermos com a trama: a sala é escura, e as pessoas só conversam sussurrando. Por que com a música haveria de ser diferente?

Educando a concentração para ouvir música, está dado o primeiro passo para desfrutar as obras-primas criadas por grandes compositores.

ILUMINAÇÃO

Hoje em dia, nos concertos, as luzes da plateia ficam apagadas, como acontece nas salas de cinema. Isso favorece a concentração. Mas nem sempre foi assim. Antigamente, os teatros eram iluminados por imensos candelabros com centenas de velas. E as velas ficavam acesas durante todo o concerto, porque era muito demorado acendê-las e apagá-las. Acender e apagar a luz da plateia rapidamente só se tornou possível no final do século XIX, com a invenção da luz elétrica.

perceberemos o estado de espírito – calmo, nervoso, aflito, entusiasmado, chateado, triste – do emissor. Mas só poderemos entender o conteúdo exato se aprendermos o vocabulário e a gramática da língua paquistanesa.

Do mesmo modo, se ouvirmos uma sinfonia de Beethoven, poderemos perceber sem dificuldade os momentos em que a música transmite calma, aflição, entusiasmo. Para penetrar mais fundo nessa música, porém, e perceber muito mais do que as emoções que ela transmite, é preciso conhecer mais sobre os sons e como eles se conectam.

TREINANDO O OUVIDO

Quando era adolescente, eu jogava futebol no time da escola. Sempre que a bola estava comigo, o técnico me orientava a não olhar para meus pés. Ele insistia que eu mantivesse meu olhar a minha volta, tanto para ver o adversário se aproximando, como para analisar para quem eu poderia passar a bola. Ele me dava essas orientações porque tinha conhecimento de que o ser humano tende a focalizar um ponto no campo visual e abandonar o resto; sabia

AUDIÇÃO SIMULTÂNEA

Um bom modo de treinar nosso ouvido é assistir a concertos ao vivo. Nessa situação, a visão pode nos ajudar bastante. Faça a seguinte experiência: enquanto estiver assistindo à orquestra, procure olhar para o movimento dos arcos dos contrabaixos por alguns minutos. Você certamente começará a ouvir com mais clareza os sons graves. Ou então fique olhando para determinado instrumento que não está tocando, por exemplo, a clarineta. Quando o clarinetista aproximar o instrumento dos lábios, fique atento! Quando ele soprar, procure identificar o som produzido. Você verá que, pouco a pouco, passará a ouvir com muita facilidade os sons graves e médios, além dos agudos, que nosso cérebro já identifica com facilidade.

AS FAIXAS SONORAS E O ESPAÇO MUSICAL

De maneira geral, podemos dividir os sons em três faixas sonoras: a faixa dos sons agudos, dos graves e dos médios.

Uma melodia que alguém assobia em meio ao silêncio usa apenas a faixa dos sons agudos. O apito de um navio está situado na faixa dos sons graves. Mas, quando um compositor escreve uma música, ele usa cada uma dessas faixas para colocar uma informação diferente.

Imagine um instrumento bem agudo, como o violino, tocando uma melodia, e um contrabaixo acompanhando esse violino. Eles estão ocupando duas faixas sonoras. Há, ainda, a terceira faixa, destinada aos sons médios. Se, para acompanhar o violino e o contrabaixo, tivermos um violão, o espaço musical estará todo preenchido, pois os acordes desse instrumento ocuparão a terceira faixa.

também que, se prestarmos atenção, poderemos ampliar nosso campo visual. Pois o mesmo acontece com nosso ouvido. Nós tendemos a nos concentrar nos sons agudos e desprezar os demais. No entanto, para nos tornarmos bons apreciadores de música, precisamos "abrir" nosso campo auditivo e tentar ouvir todos os sons simultaneamente.

VIVALDI COMO EXEMPLO

A *Primavera*, de Antonio Vivaldi, compositor italiano que viveu no século XVIII, ilustra bem o que são as faixas sonoras e o espaço musical. Esse concerto para violino e orquestra de cordas, dividido em três movimentos, apresenta temas e melodias que simbolizam ou imitam eventos típicos da primavera, como o cantar dos pássaros, os trovões de uma tempestade e assim por diante.

No segundo movimento desse concerto, Vivaldi tenta representar, por meio dos sons, uma tarde quente e ensolarada, durante a qual um rebanho pasta enquanto um jovem pastor dorme, por causa da temperatura alta, encostado em uma árvore. Ao lado do pastor, seu cão, fiel amigo, late insistentemente.

Na faixa dos sons agudos, Vivaldi colocou o violino principal, que chamamos de solista, tocando uma melodia bonita, porém bastante lenta, para simbolizar a preguiça e o sono do pastor. Na faixa dos sons mais graves está a viola, tocando um ritmo que simboliza os latidos do cão. E, na faixa dos sons médios, os demais violinos fazem uma melodia muito discreta que sugere o murmurar dos arbustos e galhos das árvores sob o efeito da brisa.

Ao ouvir essa música pela primeira vez, é comum as pessoas não perceberem as faixas sonoras. Elas ouvem tudo misturado, como se fosse uma coisa só, com o cérebro dando um enorme destaque à melodia principal. Depois de explicada a divisão das faixas e a ideia de Vivaldi, quando ouvem pela segunda vez, todas identificam, surpresas, as três faixas e seus elementos.

MÚSICA PARA O POVO

No capítulo anterior, vimos algumas dicas de como treinar o ouvido. No entanto, a melhor forma de aprender a linguagem musical é "pondo a mão na massa": estudar música e fazer música, cantando ou tocando algum instrumento. Se o estudo musical for constante e durar alguns anos, ele exercitará o ouvido e aumentará a sensibilidade de quem o faz. Isso aplicado a uma comunidade gera uma população que sabe apreciar música e que frequenta os concertos, ou seja, gera um público grande e entusiasmado. Com um público assim, os compositores se empolgam e criam obras musicais sofisticadas, orquestras são fundadas, salas para concertos são construídas, ou seja, a vida musical adquire força e se expande. Mas tudo depende de o ensino musical ser acessível à população.

OS MAIORES COMPOSITORES

Os países que geraram os maiores compositores de música clássica são justamente aqueles em que produzir música fazia parte do dia a dia das pessoas. É o caso, por exemplo, da Alemanha e da Áustria. Nesses dois países nasceram e viveram grandes compositores: Bach, Haydn, Mozart, Beethoven, Schubert, Schumann, Brahms, Wagner.

Havia, tanto na Alemanha quanto na Áustria, o costume de a população cantar no coro da igreja.

E, com tanta gente fazendo música, era natural que surgissem alguns talentos acima da média. Os jovens talentosos eram reconhecidos rapidamente e enviados para estudar música em boas escolas. Estava aberto o caminho para se tornarem grandes artistas. Essa situação acontece no Brasil com o futebol: são tantas crianças jogando bola desde pequeninas, que muitos talentos excepcionais surgem e são incentivados.

CANTO ORFEÔNICO

No Brasil, com o canto orfeônico – do francês *orphéon*, que significa canto coral sem acompanhamento de instrumentos –, fez-se uma boa tentativa de levar o ensino musical básico a muitas pessoas. O grande incentivador dessa prática foi o compositor Heitor Villa-Lobos. Graças a ele, em 1932, Getúlio Vargas, então presidente do Brasil, assinou um decreto que instituía o canto orfeônico nas escolas e, também, cursos para professores de canto. Villa-Lobos fez pesquisas e preparou partituras baseadas em canções folclóricas para serem usadas nas escolas.

O lado negativo de tudo isso era a exaltação ao governo ditatorial da época. Mas o lado positivo compensou: milhares de crianças e jovens tiveram uma marcante iniciação musical.

O canto orfeônico subsistiu durante quarenta anos, ou seja, até 1971, quando o governo federal de Emílio Garrastazu Médici, também uma ditadura, extinguiu o ensino musical nas escolas.

APRENDENDO MÚSICA

Felizmente, a partir de 2009 o ensino de música passa a fazer parte das matérias curriculares. Muitos jovens também participam das bandas de colégio (uma turma entusiasmada), que fazem apresentações e disputam concursos estaduais e até nacionais.

Outro importante centro de iniciação musical são as igrejas, principalmente as evangélicas. Muitas herdaram a tradição europeia de cantar em conjunto durante os cultos, várias mantêm cursos de instrumentos e têm orquestras organizadas.

Há também escolas e programas de iniciação musical mantidos por governos municipais e estaduais e por organizações não governamentais.

AUTOINSTRUÇÃO

Outra maneira – mais corriqueira – de começar a estudar música hoje no Brasil é comprar um violão ou uma guitarra e um livrinho de autoinstrução. Com força de vontade, em pouco tempo é possível cantarolar algumas canções acompanhando-se ao instrumento. Há quem goste disso, mas é certo que qualquer um vai aprender muito mais se tiver um bom professor. A autoinstrução só funciona no início do aprendizado.

ESTILOS E MISTURAS

As pesquisas musicais desenvolvidas pelos monges europeus durante séculos (vistas no quarto capítulo) serviram de base para que a linguagem musical europeia se desenvolvesse de uma maneira ímpar. Esse desenvolvimento seguiu continuamente, e os compositores criaram estilos musicais muito ousados, como a "música atonal" e a "música dodecafônica". Mas, antes da metade do século XX, surge uma crise: o público começa a se afastar da música erudita europeia! Alguns compositores tentaram não ligar para isso, chegando até a dizer que não precisavam dos aplausos nos concertos.

Os olhos do público viraram-se para o Novo Mundo: a música que interessava era a "música popular", produzida nos países americanos.

NO BRASIL

O Brasil também colaborou para essa fabulosa fase criativa americana! E com um mérito: parece que muitos de nossos compositores foram os primeiros a tentar evitar uma separação entre a música europeia, ou erudita, e a americana, ou popular. Sim, porque houve um tempo em que os gêneros musicais eram muito separados. Samba, por exemplo, era considerado música de bandido! A primeira vez em que se tocou um samba no Teatro Municipal do Rio de Janeiro, muita gente protestou, indignada! E muita gente teve de brigar para mostrar que a mistura de estilos era saudável.

É o caso, por exemplo, do compositor brasileiro Alberto Nepomuceno (1864-1920), que passou vários anos na Europa estudando música erudita. Em 1891, ele compôs uma obra sinfônica que se encerrava com um frenético batuque africano, incluindo instrumentos típicos dos negros, como o reco-reco. Ao reger essa obra no Brasil pela primeira vez, em 1897, causou escândalo, pois naquela época ainda não existiam o samba nem a música popular como conhecemos hoje.

Ser um abolicionista convicto talvez tenha sido uma das razões para Nepomuceno compor essa obra; ele acreditava na mistura das culturas. Foi o primeiro a compor canções eruditas em português, numa época em que nos recitais de canto o usual era cantar em francês, italiano ou alemão. Ele dizia: "Não tem pátria o povo que não canta em sua língua".

Em São Paulo, o compositor Alexandre Levy fazia o mesmo que Nepomuceno. Esses compositores abriram as portas para a mistura da música erudita europeia com elementos não europeus e ajudaram a fazer da música brasileira uma das mais criativas dos séculos XX e XXI. Com Villa-Lobos, essa música viria a adquirir fama internacional.

O EXEMPLO VEM DAS AMÉRICAS

O que aconteceu nas Américas foi uma recuperação e, posteriormente, uma mistura. Durante a evolução musical da Europa, muitos elementos musicais foram deixados de lado, como as melodias e os ritmos árabes e africanos. Nas Américas, esses elementos foram recuperados e misturados com a harmonia europeia, dando origem a diversos estilos musicais absolutamente inovadores, que passaram a encantar o público.

Na América do Norte surgem o ragtime, o gospel, o negro spiritual, o jazz, o blues, o rock and roll. Na América Central são criados a rumba, a salsa, o merengue, o bolero. Na América do Sul aparecem o tango, o choro, o samba, o frevo, a modinha, a guarânia. Todos esses nomes dizem respeito a ritmos e estilos musicais que foram fruto da mistura entre as pesquisas musicais europeias e a música que era cantada nas Américas pelos africanos, pelos índios, pelos árabes, enfim por todos os povos que deixaram seus locais de origem e se estabeleceram por aqui.

Hoje, infelizmente, esses estilos todos são pouco divulgados pelos grandes meios de comunicação. O melhor jeito de conhecer esses verdadeiros furacões de criatividade é por meio de pesquisa na internet.

A ERA DA ELETRÔNICA

Atualmente, é difícil imaginar um mundo no qual não haja instrumentos musicais. Mas durante muitos séculos a música mais elaborada que a humanidade criou era apenas cantada. Nos séculos XV e XVI deu-se o auge da música vocal na Europa. Agrupados, os cantores formavam corais que eram capazes de cantar magistralmente as grandes obras criadas pelos maiores compositores europeus. O curioso é que isso não acontecia com os grupos instrumentais. Os instrumentos musicais eram, de certa maneira, muito rudimentares ainda e não ofereciam aos compositores os mesmos recursos das vozes.

É claro que os instrumentos, embora lentamente, sempre se desenvolveram, e haveria de chegar o momento em que eles ficariam prontos para ser utilizados em pé de igualdade com as vozes. Isso aconteceu a partir do século XVII.

A música instrumental se desenvolve bem: novos instrumentos são inventados, e os antigos passam por grandes mudanças e melhorias. Nesse desenvolvimento, uma das necessidades mais frequentes era conseguir um som mais forte das orquestras; afinal de contas, elas tocavam para plateias cada vez maiores. O número de músicos nas orquestras aumentava e, com isso, elas ficavam mais complexas e com manutenção cada vez mais cara. No início do século XX, o problema do som é resolvido: usando a eletricidade, é possível obter um volume de som capaz de encher os maiores teatros, usando poucos instrumentos. Um contrabaixo e uma guitarra elétricos, mais um órgão eletrônico e uma bateria, devidamente amplificados, ofereciam muito mais volume que uma orquestra com cem instrumentistas. Esses instrumentos começam a surgir a partir de 1930 e, com eles, um novo mundo sonoro é descoberto.

ELETROMAGNETISMO

Tanto o baixo como a guitarra elétricos são instrumentos baseados num princípio bastante conhecido: o eletromagnetismo. Para compreender o seu funcionamento, imagine o seguinte: enrolamos um fio de cobre em volta de um ímã, formando um eletroímã. Aproximamos um objeto metálico desse eletroímã e o movemos. Nas pontas dos fios que estão em volta do ímã, surgirá uma corrente elétrica cuja variação corresponderá aos movimentos do tal objeto metálico. Numa guitarra, o eletroímã está fixado no corpo do instrumento e é chamado de "captador"; e o objeto metálico que se move e produz a corrente elétrica é a própria corda do instrumento.

ÓRGÃOS E TECLADOS

Os músicos de hoje dispõem de uma imensa variedade de teclados eletrônicos. Ao contrário de guitarras e baixos, que são considerados instrumentos elétricos, teclados são classificados como eletrônicos por utilizarem transistores, circuitos integrados e até pequenos microcomputadores, ou seja, componentes muito mais sofisticados que simples ímãs e fios enrolados.

Tudo começou com os órgãos eletrônicos que, em vez de transistores, utilizavam obsoletas válvulas incandescentes. Depois surgiram os sintetizadores que, diferentemente dos órgãos, possibilitavam aos músicos criar sons nunca antes imaginados.

THEREMIN

Um dos instrumentos eletrônicos mais antigos e extravagantes foi inventado em 1920 por um russo chamado Lev Theremin. Parece uma pequena antena de TV, ligada numa caixa. Quando alguém aproxima a mão dessa antena, ela emite um som. Movendo as mãos, mesmo sem encostar no instrumento, seu som muda. Dá para tocar melodias. O instrumento é tão intrigante que até um conjunto de rock dos anos 1970, o Led Zeppelin, utilizava-o em seus shows. Fazia um sucesso enorme. O instrumento se chama justamente... Theremin!

GRAVANDO OS SONS

Beethoven, Tchaikovsky, Chopin, Rossini… no tempo desses e de tantos outros grandes compositores não havia rádio, TV, CD, MP3. No entanto,

A FITA CASSETE

As fitas magnéticas, embora consideradas obsoletas por muita gente, ainda são usadas para gravar sons. Nelas, os sons são gravados por meio de magnetismo, diferentemente dos discos, nos quais eram gravados mecanicamente.

A primeira máquina que gravava sons por magnetismo foi patenteada em 1898 por um inventor dinamarquês chamado Valdemar Poulsen. Naquela época ele usava uma corda metálica, uma espécie de arame muito grosso, que ficava enroiada. Em 1929, a corda metálica foi substituída por uma fita, parecida com a que temos hoje, mas ainda de metal. Em 1935, as indústrias Basf lançaram fitas de papel cobertas de material magnético. Logo em seguida vieram as de plástico.

Em 1947, as fitas já eram usadas em estações de rádio e estúdios de gravação em todo o mundo. As fitas magnéticas, ou "fitas de rolo", eram enroladas em discos e tocavam nos "gravadores de rolo". Em 1958 surgem as "fitas cassete", lacradas dentro de pequenas caixinhas de plástico.

O FONÓGRAFO

Desde o início do século XIX havia a ideia de gravar sons, mas isso só foi concretizado em 1877, graças ao inventor norte-americano Thomas Alva Edison. Edison criou o fonógrafo, cuja função inicial era apenas gravar a voz humana. Era uma "máquina de fazer ditados", que funcionaria da seguinte forma: um diretor de uma empresa, por exemplo, ditaria uma carta, que ficaria gravada na máquina, e a secretária do diretor transcreveria, posteriormente, a gravação. A voz era gravada em cilindros de cera, através de uma agulha que imprimia neles as vibrações produzidas na fala. Algumas gravações de música foram feitas nessa época, mas eram consideradas apenas curiosidades, pois havia dois grandes inconvenientes: a qualidade de som era muito ruim, e os cilindros duravam poucos minutos.

suas composições se tornaram muito conhecidas por toda a Europa, Rússia e Américas. Isso por causa das partituras impressas!

Muitas sinfonias e óperas, compostas originalmente para ser tocadas por grandes orquestras, eram arranjadas para ser tocadas também por músicos amadores, em casa, em grupos pequenos, como um quarteto de cordas, ou mesmo por um pianista solitário. As partituras viajavam de carruagem ou navio; a lentidão desses meios de transporte não impediu que milhares e milhares de pessoas conhecessem a música desses compositores. Durante séculos, as partituras foram o único meio de divulgação musical. Mas um dia isso começou a mudar.

O LP

Esse problema foi resolvido em 1948 com a invenção, também nos Estados Unidos, do "long playing", que significa "longa duração" e é abreviado por LP.

Com essa técnica, mais de vinte minutos de música podiam ser gravados em cada lado do disco. Poder gravar uma sinfonia ou um concerto inteiro em um lado de um disco LP foi uma verdadeira revolução que possibilitou difundir a música dos grandes compositores.

Hoje em dia, os discos de vinil e os tocadores com agulha foram substituídos pelos CDs. Contudo, não morreram e, para os modernos DJs, eles são insubstituíveis.

A INVENÇÃO DO DISCO

Em 1888, Emile Berliner, outro pesquisador norte-americano, melhorou o sistema do fonógrafo, substituindo os cilindros por discos, feitos de um material mais resistente. Estava inventado o gramofone.

O disco foi um grande sucesso comercial. O gramofone passou por constantes melhoramentos e, em 1925, com o desenvolvimento da eletrônica, surgiram gravações de orquestras, o que antes era praticamente impossível. Ainda assim, os antigos discos de gramofone só conseguiam registrar cerca de cinco minutos de música em cada lado. Para a gravação de uma ópera completa eram necessários de vinte a trinta discos. E as pessoas tinham de trocar o lado do disco a cada cinco minutos!

O MUNDO DIGITAL

Para chegar ao que temos hoje, passamos pelo fonógrafo, no século XIX, pelo gramofone, pelos discos de vinil, pelas fitas magnéticas de rolo e de caixinha. A maioria desses meios e sistemas de gravação já desapareceu e os outros estão em vias de desaparecer. A tecnologia que continua sendo usada é a do compact disc (CD), lançado em 1983, fruto de pesquisas conjuntas de várias companhias, como a Phillips e a Sony, entre outras.

O CD oferece muitas vantagens em relação ao antigo disco de vinil e às fitas magnéticas: armazena cerca de oitenta minutos de música, o dobro de seus antecessores; a leitura de som é feita por raio laser, o que lhe garante maior

MP3

Hoje em dia, a maioria dos computadores pessoais tem um programa muito simples que serve para tocar músicas armazenadas no formato MP3. Esse programa é fruto de uma série de pesquisas realizadas desde o final dos anos 1980, que tornou possível gravar, em um CD, mais de dez horas de música – muito mais que os oitenta minutos que podem ser gravados num CD pelo sistema anterior. Além disso, músicas em formato MP3 não precisam ser gravadas em um CD.

Existem hoje pequenos aparelhos, parecidos com um simples chaveiro, nos quais podem ser armazenadas mais de oito horas de música. E com uma vantagem: cansando-se das músicas, é possível escolher outros CDs e, por meio do computador, gravá-los dentro do "chaveirinho".
É música que não acaba mais!

MÚSICA NO TELEFONE

A cena é muito comum: o telefone celular toca, e o garoto sabe que quem está ligando é sua namorada. Como ele sabe? Pela música que ele ouve! Pois é, antigamente telefone tinha som de campainha; agora tem o som da música que quisermos colocar nele.

É possível programar uma música para cada pessoa que nos liga, personalizando os toques. E um celular dos mais baratos tem tantas opções armazenadas que a gente pode ficar trocando de música todo dia.

Um amigo meu passou anos de sua vida trabalhando como compositor de trilha sonora para peças de teatro infantil. Agora ele viaja para a Europa

durabilidade (nos antigos discos, o contato da agulha gerava atrito e consequente desgaste) e, ainda, seu tamanho é reduzido, o que facilita seu transporte.

Durante séculos o público só dispôs das partituras. O disco horizontal durou cem anos. O CD ainda reina, mas, com apenas vinte anos de idade e em razão da evolução tecnológica, está sendo ameaçado pela mais recente novidade da era digital: o MP3!

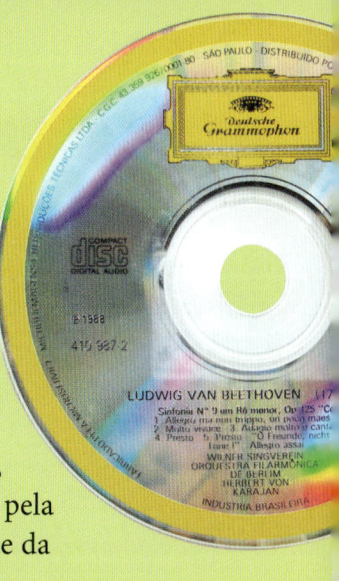

NAMORO À MODA ANTIGA

Os namorados de todas as épocas sempre deram um jeito de se comunicar, e um dos jeitos mais antigos e românticos era sem dúvida a serenata! A palavra serenata vem de sereno, uma garoa muito fina, que só cai à noite. Serenata é, portanto, a música tocada à noite, sob o sereno. E, na serenata de amor, o rapaz apaixonado cantava uma música romântica sob a janela da namorada, às vezes até acompanhado por vários instrumentistas.

Hoje os namorados trocam "torpedos". Os mais velhos acreditam que a serenata é mais romântica que um torpedo. Os mais jovens defendem que o torpedo é muito mais simples e rápido. Ambos têm razão... É melhor, pois, deixar que cada um faça a sua opção!

várias vezes por ano e tem uma nova profissão que lhe rende muito mais dinheiro: compõe músicas para celulares. Suas músicas chegam a vários países do mundo em segundos, via satélite. Muito mais rápido do que viajavam as partituras de Beethoven, Rossini e Vivaldi...

E OS DJs VOLTAM AO PASSADO...

Festa, balada, *rave*, muita gente dançando, muita conversa... mas de vez em quando, no meio desse bolo, a gente para e fica olhando pro DJ, com aquele monte de fios, com aquele equipamento fantástico, e fica imaginando que complicação deve ser tudo aquilo. Afinal, o que é um DJ?

DJ são as iniciais de *disc jockey*. *Jockey*, em inglês, é aquele que conduz um animal. Mas, nos Estados Unidos, a palavra *jockey* é usada na gíria com o significado de condutor em geral, seja de animais, de máquinas, veículos e... por que não, de um toca-discos! Esse título é antigo e surgiu nas rádios americanas para se referir aos profissionais que falavam ao microfone e, entre uma fala e outra, colocavam um disco para ser tocado no gramofone. Numa tradução meio livre, poderíamos dizer que um DJ é um domador de discos.

MÃO NA MASSA

O termo continua sendo empregado, mas o que um DJ faz atualmente é muito diferente do que faziam os primeiros DJs. Embora a expressão signifique "alguém que conduza discos", muitos já trazem os sons gravados em seus computadores portáteis. Outros, contudo, não trocam por nada os antiquados discos de vinil... Nos toca-discos de vinil, os DJs podem pôr a mão na massa, extraindo ruídos e sons que não estão lá gravados. E há ainda os que misturam sons e vídeos, muitas vezes exibindo imagens ao vivo do evento do qual participam. Essas variáveis fizeram surgir diferentes tipos de DJ, com seus respectivos admiradores e fãs.

ALTA TECNOLOGIA

Como eu disse no capítulo anterior, tenho um amigo que fazia música para teatro. Ele estudou música, toca violão e violino e sabe ler partituras, mas, para fazer suas músicas, ele não usava nem uma coisa nem outra: usava apenas seu computador. Na tela do monitor, nem sequer aparece a partitura. Ele digitava as notas no teclado, e o computador ia armazenando os sons em sua memória. Depois ele gravava as músicas em um CD e o levava para o ensaio. Agora, em seu novo trabalho e com o mesmo computador, ele cria *ringtones* para telefones celulares em sua casa e os envia por e-mail para a empresa que o contratou, que fica na Suíça.

É como o DJ. Meu amigo não precisa tocar nenhum dos instrumentos que sabe, nem escrever uma partitura para criar suas músicas. Usa só alta tecnologia!

PASSADO X FUTURO

Eu acredito que a gente deve estar ligado na modernidade, sem deixar de aproveitar as coisas boas que o passado tem pra nos mostrar. E não estou sozinho nessa minha "filosofia". Os próprios DJs, de quem estamos falando agora, fazem como eu.

Eles estão ligados no que há de mais atual e moderno. Armazenam música em computadores portáteis, os laptops ou notebooks, e os usam para animar suas festas. Eu confesso que, quando vejo um DJ com um laptop aberto à sua frente, acho aquilo muito especial. Mas esse mesmo DJ pode muito provavelmente ter ao seu lado um bom e velho toca-discos de vinil! Os DJs acharam um uso formidável para o antigo aparelho que muitos consideravam totalmente aposentado. Os toca-discos deixam que o DJ "ponha a mão" na música, alterando a rotação do aparelho, rodando o disco de trás para a frente, e com isso gerando seus próprios sons!

O que mais eles vão inventar?

ARTISTAS MULTIMÍDIA

A maioria dos DJs nunca estudou música. Não sabe ler ou escrever as notas musicais e também não sabe tocar nenhum instrumento "tradicional", como guitarra, baixo, bateria, flauta ou violino. Então surge uma inevitável pergunta: os DJs são músicos? Muita gente acredita que sim, pois afinal eles interferem nas gravações produzidas por gravadoras comerciais, criando seus próprios sons.

Há, porém, quem argumente que a criação aconteça apenas em alguns momentos, na maior parte do tempo o que se ouve mesmo é o que está gravado nos discos.

Outros defendem que os DJs são artistas, mas não exatamente músicos: são artistas multimídia, ou seja, criadores que se valem de vários meios de expressão: sons, palavras, imagens, dança.

E você, o que acha? Está aí um tema para você conversar em sua próxima balada! Boa diversão!

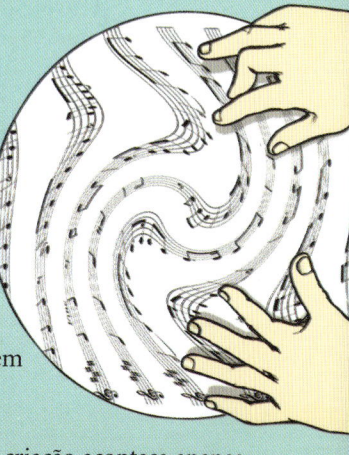

GLOSSÁRIO

Acorde – grupo de notas, pelo menos três, tocadas ao mesmo tempo.

Acordeão – instrumento musical no qual a geração de som é feita por foles e as notas tocadas por teclados. Muita gente conhece o instrumento por "sanfona". O acordeão tornou-se muito popular na Europa no século XIX. Chegou ao Brasil por meio dos imigrantes portugueses, alemães e italianos e está presente em nossa música popular desde o Rio Grande do Sul até o Nordeste.

Arco – pedaço de madeira flexível em cujas pontas se prendem fios de crina de cavalo, que são usados para friccionar e produzir som nos instrumentos de cordas como o violino, a viola, o violoncelo e o contrabaixo.

Concerto – 1. espetáculo musical no qual uma orquestra é a atração principal. 2. um dos gêneros da música erudita, no qual uma orquestra acompanha um músico que se destaca, o solista.

Cravista – músico que toca cravo.

Cravo – instrumento de teclado muito utilizado no século XVII e no começo do XVIII na Europa. Na segunda metade do século XVIII foi substituído pelo recém-inventado piano.

Folclórica – música folclórica é aquela passada de geração para geração por meio da comunicação oral e cujos autores são desconhecidos. Em geral, a música folclórica é a base da música erudita, artística, de uma nação.

Melodia – série de notas, tocada ou cantada uma após a outra.

Música atonal – estilo de música que surgiu no início do século XX, procurando romper com a tradição dos séculos XVIII e XIX.

Música dodecafônica – estilo específico de música atonal, criado pelo compositor austríaco Arnold Schöenberg.

Música vocal – música para ser cantada.

Ópera – espetáculo em que se misturam teatro e música. Surgiu na Itália no final do século XVI e início do século XVII.

Partitura – papel no qual o compositor escreve ordenadamente todos os sinais necessários para que os músicos possam executar uma determinada obra.

Quarteto de cordas – formação instrumental muito difundida nos séculos XVIII e XIX, da qual participavam dois violinistas, um violista e um violoncelista. A maior parte dos compositores daquela época escreveu música para quartetos de cordas.

Raio laser – luz amplificada e concentrada, que tem diversas utilidades, entre elas a leitura dos discos compactos, os CDs e os DVDs.

Sinfonia – assim como o concerto, a sinfonia é um dos mais importantes gêneros da música erudita. É sempre uma música tocada por orquestras, longa, dividida em várias partes, chamadas "movimentos".

Vinil – tipo de matéria plástica utilizada para confeccionar os antigos discos long playing, os LPs.